Ein Schifflein
weiß wie Schnee

Bilder und japanischer Originaltext von Shigeru Minamimoto

Deutscher Text von Eva M. Spaeth

Friedrich Wittig Verlag

*Ich bin ein Schifflein, weiß wie Schnee.
Wie eine Flocke tanze ich auf den Wellen.
Wenn der Wind mit seinen kühlen Händen durchs Wasser streicht,
fange ich an zu schaukeln und zu wiegen.*

*Hin und her fahre ich,
von der kleinen Insel zur großen Insel,
von der großen Insel zur kleinen Insel.*

*Ich fahre nicht allein.
Ich habe kleine Gäste
an Bord.
Hörst du das fröhliche
Lachen?
Wer lacht da?
Die Fische im Wasser?
Die Muscheln in der Tiefe?*

*Nein,
es sind meine Kinder!*

*Meine Kinder.
Meine Fahrgäste.
Ich hole die Kinder von der
kleinen Insel ab und bringe
sie zum Kindergarten
auf der großen Insel.
Das ist meine Aufgabe.
Hier spielen und singen
und tanzen sie,
bis ich sie wieder nach Hause
fahre.*

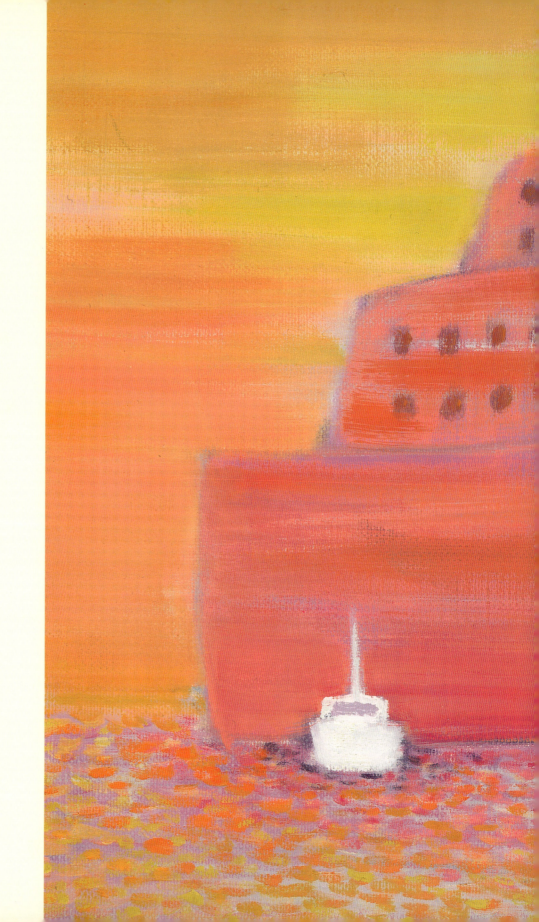

*Nach der Arbeit
habe ich nichts zu tun.
Dann dümple ich träumend
im Wasser.
Rosig und golden
taucht die Sonne ins Meer.
Da fängt das Wasser an,
in allen Farben zu glitzern,
und der Himmel brennt wie
Feuer.*

*Ein Riesenschiff gleitet
leuchtend vorbei.*

Ich dümple und träume.

*In meinem Traum bin ich
selber so ein großes Schiff
und habe viele Fahrgäste.
Weit draußen gleite ich
über den Ozean.*

Mit meinen Gästen kreuze ich
durch die Weltmeere
und bringe sie
zu fernen Städten
an fremden Ufern.

Es gibt so viele verschiedene
Länder:
sonnige, heiße Wüstenländer,
eisige, stürmische Schneeländer,
farbige, blühende Urwaldländer
und Länder mit riesigen Städten
voller himmelhoch ragender
Wolkenkratzer.

*Aber das sind
nur Träume.
Ich bin gerne hier
bei meinen
vielen Freunden.
Sie sind
kleine Schiffe,
genau wie ich.
Wir verstehen uns
prächtig
und schaukeln
miteinander
auf den Wellen.*

Auch die Möwen sind meine
Freunde.
Sie begleiten mich
auf meinen Wegen
und unterhalten mich
mit ihren heiseren Schreien.

*Meine allerbesten Freunde
aber sind die Kinder
der kleinen Insel.
Sie tollen und toben
auf mir herum
und spielen mit mir.*

Manchmal liege ich am Strand
und ruhe mich aus.
Wenn die Kinder müde sind
vom Baden,
kommen sie gerne zu mir
und halten auf Deck
ein Schläfchen.

*Tag für Tag
fahre ich zwischen den Inseln
hin und her
und bringe die Kinder
hin und zurück.
Es ist jeden Tag
die gleiche Arbeit.
Aber sie macht mir
jeden Tag wieder Freude.*

*Langsam geht die Sonne unter.
Alles wird still und dunkel.
Die Kinder sind schlafen
gegangen,
und auch ich wiege mich
auf den sanften Wellen
in Schlaf.
Der weiße Mond deckt uns zu
mit seinem weichen Licht.*

Es ist wieder ein sonniger Morgen.
Die Kinder kommen mit Eimern und Bürsten zu mir.
Sie waschen und schrubben mich,
bis ich im Sonnenlicht strahle.
Jetzt bin ich wieder ein Schifflein, weiß wie Schnee!

Was für ein froher Sommermorgen!

Die Deutsche Bibliothek – CIP-Einheitsaufnahme
Minamimoto, Shigeru:
Ein Schifflein weiss wie Schnee / Bilder und japan. Orig.-Text
von Shigeru Minamimoto. Dt. Text von Eva M. Spaeth.–
Hamburg : Wittig, 1996
    Einheitssacht.: Bokuwa-chiisana-shiroi-fune <dt.>
    ISBN 3-8048-4431-6
NE: HST

ISBN 3-8048-4431-6

Bilder und japanischer Originaltext von © Shigeru Minamimoto.
Japanischer Originaltitel: bokuwa chiisana shiroi fune.
Japanische Originalausgabe 1995 by Shiko-Sha Co., Ltd., Tokyo.

Deutscher Text von Eva M. Spaeth.
Deutscher Titel: Ein Schifflein, weiß wie Schnee.
© 1996 für die deutsche Ausgabe: Friedrich Wittig Verlag Hamburg.
Alle Rechte vorbehalten.
Satz aus der Lucida Sans bei Utesch Satztechnik GmbH, Hamburg.
Printed in Hong Kong.